INSTRUCTION
SUR LES BASES
D'UNE LÉGISLATION
SUR LES GRAINS,

Adoptée par l'Assemblée générale des Sociétés populaires du Midi, réunies à Marseille, pour en détailler les avantages et les motifs,

Présentée, au nom de son Comité des Treize, le 9 octobre 1793, l'an second de la République, une et indivisible, et le dernier des Tyrans.

Par PIERRE DEDELAY, rapporteur et président.

Imprimée par ordre de l'Assemblée générale, et des Sociétés réunies à Marseille.

A MARSEILLE,

De l'Imprimerie nationale, d'AUGUSTE MOSSY, l'an second de la République française.

1793.

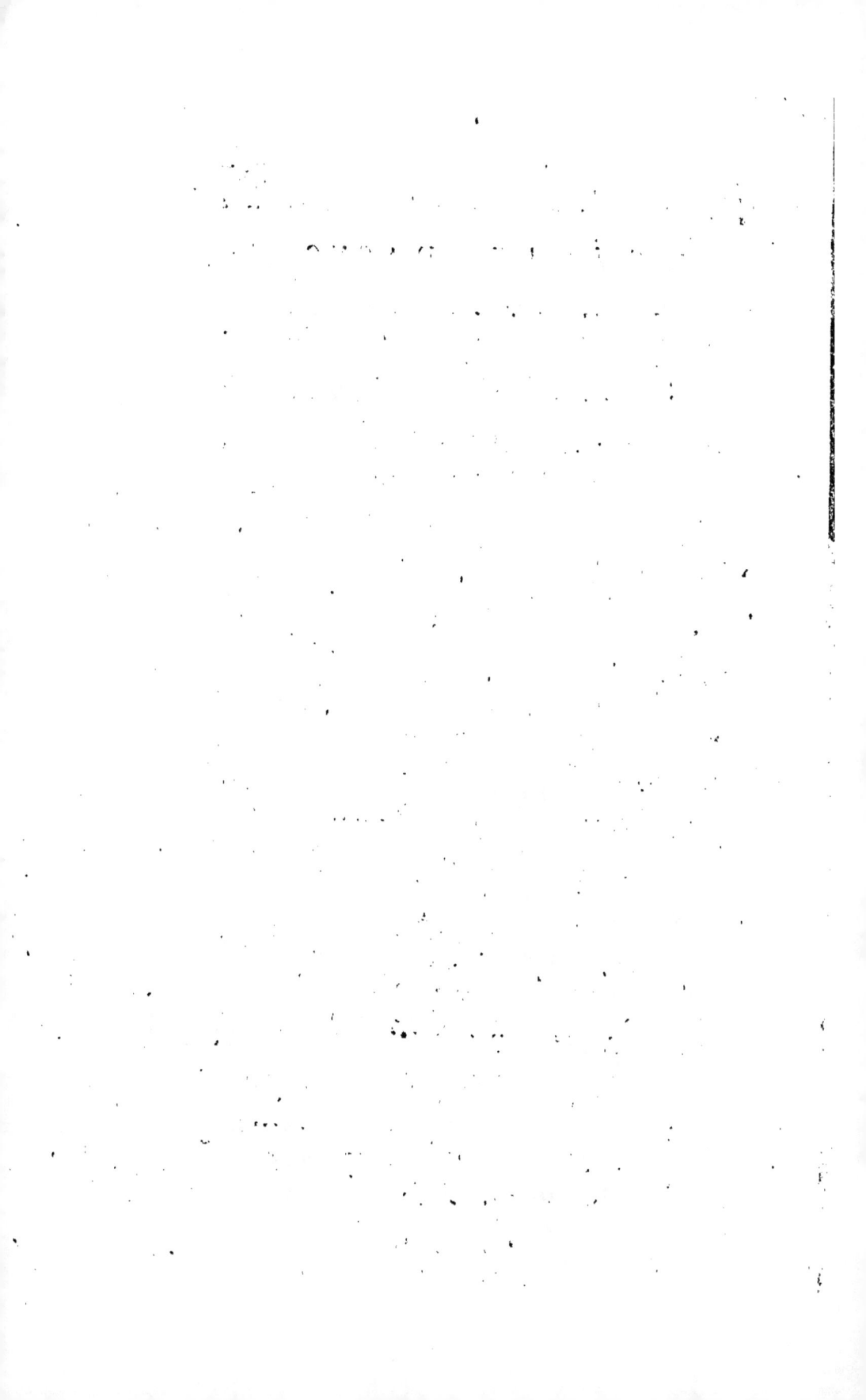

EXTRAIT

DU PROCÈS-VERBAL

DES SOCIÉTÉS POPULAIRES DU MIDI,

RÉUNIES PAR DÉPUTATION,

EN ASSEMBLÉE GÉNÉRALE ET FRATERNELLE.

*A Marseille, ce 9 octobre 1793, l'an second de
la République, une et indivisible.*

L'Assemblée générale des Sociétés réunies ;
a arrêté dans sa séance de ce jour :

1°. Qu'elle adopte à l'unanimité, et après
une discussion approfondie, les bases d'une
législation sur les subsistances qui lui ont
été présentées au nom de son Comité des
Treize, par Pierre Dedelay, rapporteur.

2°. Qu'une instruction sera faite à la suite
des bases adoptées, pour en détailler les
avantages et les motifs.

3°. Que ces bases et l'instruction seront
imprimées en nombre suffisant, pour être
envoyées à la Convention nationale, aux
Autorités constituées, et aux Sociétés populaires de tous les points de la République.

4°. Que ces Autorités constituées et Sociétés

A 2

populaires , seront pressées , au nom sacré de la Patrie , de soumettre , dans le plus court délai , à une discussion publique , ces bases adoptées , et d'addresser à Pierre Dedelay , sous le couvert du Comité d'Agriculture de la Convention nationale , leurs observations sur ces bases , et sur les localités qui exigeraient des exceptions.

5°. Pierre Dedelay se rendra à Paris , 1°. pour analyser les observations qui lui seront addressées par les Autorités constituées et Sociétés populaires, afin d'en faire un rapport exact et motivé au Comité d'Agriculture de la Convention ; 2°. pour inviter ce Comité à présenter , à la Convention , ce vœu véritablement national de toutes les Autorités constituées , et Sociétés populaires de la République , sur la législation des grains , afin d'obtenir , sur cette importante matière , des Décrets qui , sollicités par *tous* , soient enfin exécutés par *tous*.

Pour éviter l'envoi à Paris de plusieurs milliers de mémoires , dont l'exact dépouillement ne pourrait être que très-long , l'Assemblée générale des Sociétés du Midi , arrête que toutes les Sociétés populaires de la République seront invitées à discuter , d'abord dans leur sein , les bases du Rapport et de l'Instruction , mais ensuite de se réunir par députation à la Société

point en fixant le prix des journées ; car si ce prix des journées haussait subitement dans une trop forte proportion, le journalier souffrirait encore, puisqu'on ne le ferait plus autant travailler, c'est seulement en fixant le prix du pain, et en rejettant le déficit que produirait cette fixation, en sols additionnels sur les contributions des riches, et de ceux qui employent les journaliers.

Que ceux-là ne viennent point regarder ce rejet sur leur contribution comme injuste ; qu'ils sachent que le premier devoir du riche est de fournir au besoin du pauvre, qui s'en rend digne par son travail. D'un autre côté, que celui qui fait travailler les journaliers dans ses manufactures ou dans sa terre, comprenne bien qu'en fixant le prix du pain, on lui évite un sur-haussement dans le prix de la journée, qui légitime la partie du déficit qu'occasionne cette fixation et qu'on lui fait supporter de concert avec le riche.

Cependant, afin de diminuer, autant qu'il sera possible, ce déficit, il serait peut-être d'une sage politique, dans les tems de pénurie générale, et en laissant à chacun la liberté de faire ou de faire faire du pain, au prix que lui feraient préférer ses moyens ; d'avoir, dans tous les points de la République, en proportion des besoins, des boulangeries nationales.

Ces boulangeries seraient dirigées par l'administration centrale ; un pain, le plus substanciel et le plus sain possible, y serait fabriqué, sous la surveillance des sociétés populaires des lieux, pour être seulement vendu au journalier qui ne

recueille pas. Chaque municipalité, de concert
avec les sociétés populaires, arrêterait, dans chaque localité, l'état des citoyens dans le cas de se
pourvoir à la boulangerie nationale ; et comme
il n'y aurait alors que ceux qui ont des besoins
qui seraient favorisés, les déficits seraient bien
moins considérables. L'on doit même prévoir un
instant où la division successive des propriétés
agricoles, mettra fort peu de Citoyens dans le
cas de se pourvoir aux boulangeries nationales.

Une disposition importante des décrets de cir-
constances, est sur-tout celle qui prescrit à l'administration centrale, de n'enlever les grains, de
chez les particuliers, que pour les faire arriver
directement au lieu de la consommation.

Citoyens, cette précaution offre divers avantages
qu'il suffit d'énumérer. Les grains religieusement
gardés, et soignés dans la maison du vendeur,
qui en demeure responsable, n'exigent plus de
bâtimens spacieux pour les déposer ; plus de gar-
des pour les conserver et les préserver des ava-
ries, si fréquens dans les grands dépôts ; plus
de frais de transports inutiles, pour arriver des
greniers du vendeur au dépôt général, et retour-
ner ensuite chez le consommateur. Enfin, le
pauvre, celui qui ne recueille pas, ne voit point
enlever en masse ces grains, sa chère espérance;
il saura, qu'acheté par une administration pater-
nelle, ils restent encore à sa portée, et pour
ainsi dire, à sa disposition.

Mais ce qui est plus important encore, c'est
que ces grains disséminés dans une infinité de

greniers particuliers , ne peuvent jamais livrer à
la malveillance , aux trahisons , aux intrigues
d'une faction , les subsistances du peuple ; un
petit nombre d'hommes que l'on peut corrompre,
ne tiendront plus , sous leur géole, ce trésor
véritablement national ; il restera sous la garde
tutélaire de ceux qui l'ont arrosé de leur sueurs
pour le faire croître , et qui , sentant tout le
prix d'une denrée si précieuse, suivront d'un œil
vigilant et sévère , sa destination , lorsqu'un man-
dat de l'administration centrale leur indiquera les
motifs qui l'enlèvent à leur sollicitude. Oui, Citoyens , chaque vendeur deviendra une sentinelle
prête à déjouer tout projet d'accaparement ou de
malversation. En laissant les grains chez les ven-
deurs jusqu'au moment de leur consommation,
il devient impossible à une administration centrale corrompue , de pouvoir même tenter ce
qu'elle exécuterait si facilement avec de grands
dépôts, nécessairement moins surveillés dans
leurs opérations de tout genre.

Que ces immenses avantages , dont peut dé-
pendre votre liberté , vous engagent donc , Ci-
toyens-Laboureurs , lorsque vous aurez vendu vos
grains à l'administration centrale , qui , sans les
enlever de suite , vous les payera cependant
comptant ; que ces avantages , dis-je , vous ren-
dent vraiment scrupuleux à l'égard du dépôt que
la patrie vous confiera ; il sera sacré pour les
bons Citoyens. Ils se diront : » C'est la subsis-
» tance de mon frère , et je vais concourir au

» bienfait national qui la lui destine, en lui
» donnant mes soins. «

Nous venons de nous occuper des cas d'une
pénurie générale ; prévoyons maintenant l'état
très-prochain d'une surabondance habituelle, heu-
reux fruit de la liberté et des mœurs. Alors un
décret de circonstance doit favoriser l'exportation
d'une partie de ce superflu. Inutile à notre sub-
sistance, il peut, en l'échangeant, enrichir notre
industrie ; mais qu'une prudence salutaire règle
toujours cet acte de législation ; que des vues
mercantilles ne nous fassent jamais exposer le
rempart le plus sûr de la liberté. L'égide des
peuples libres, c'est le fer et le pain.

Citoyens, Français, hommes libres, oserai-je
attacher vos regards, sur ces tems désastreux,
plus rares que les siècles, mais possibles, qui
nécessitent des mesures extraordinaires de salut
public : un Républicain leur oppose son courage
et des vertus ; c'est le moment de l'héroïsme et
non des bas calculs. Mais lorsqu'une communauté
de maux ne pourra se balancer que par une
communauté de biens, de facultés et de moyens,
aurons-nous besoin de faire des loix ? non, frères
et amis, nous suivrons alors les loix de la nature.

F I N.

19

www.ingramcontent.com/pod-product-compliance
Lightning Source LLC
Chambersburg PA
CBHW070151200326
41520CB00018B/5365